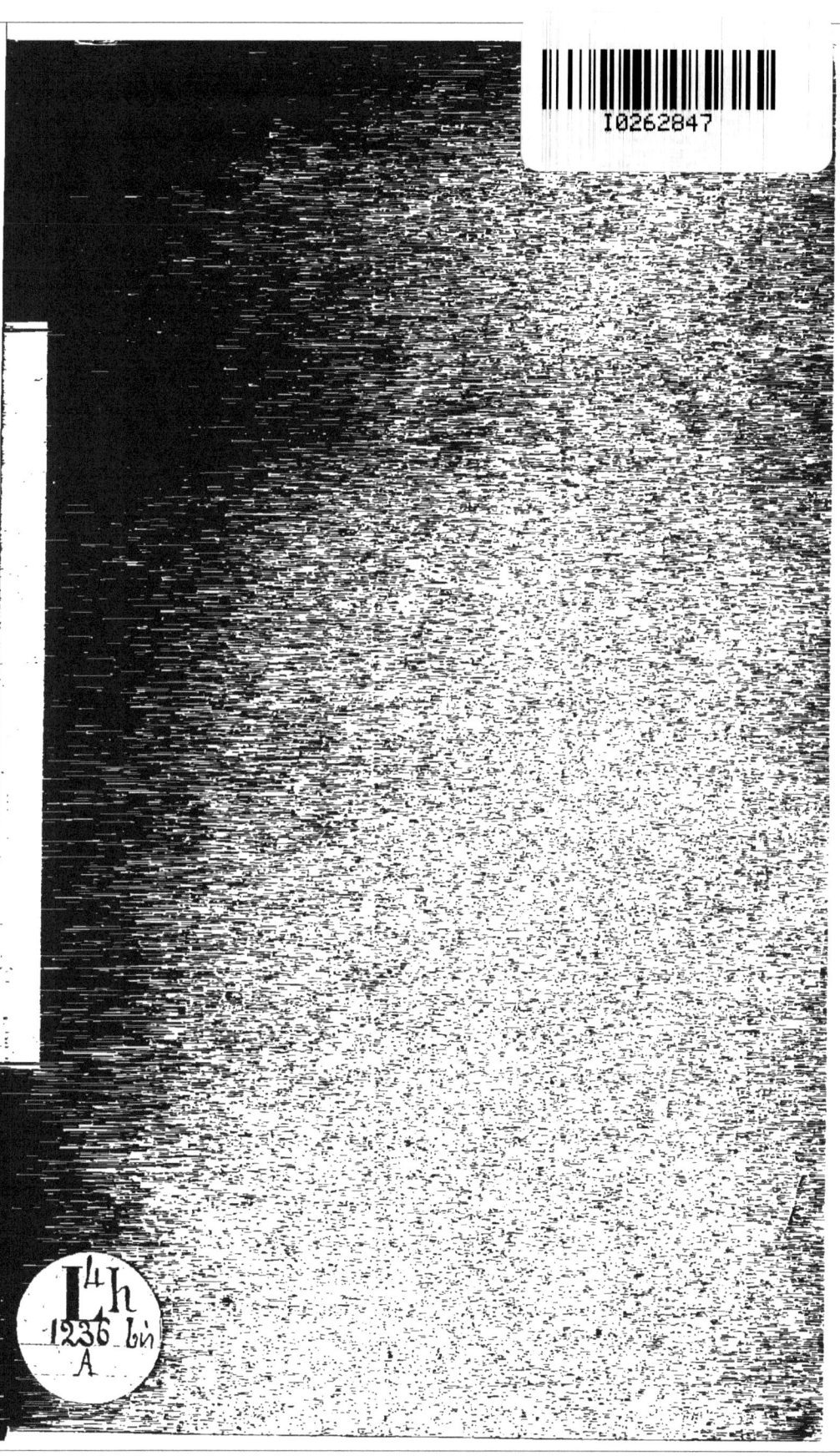

RÉPONSE

A LA LETTRE

de M. Victor PELLISSIER

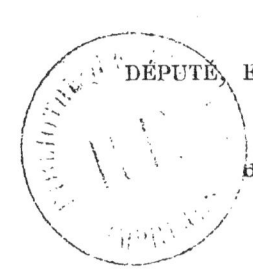

DÉPUTÉ, EX-GÉNÉRAL DES MOBILISÉS

de Saône-et-Loire

> . . . . La chétive pécore
> S'enfla si bien qu'elle creva.
> (*Fables de* LA FONTAINE).

AVIGNON

IMPRIMERIE ADMINISTRATIVE GROS FRÈRES

1873

EXTRAIT DE LA RÉPONSE

A M. DE SÉGUR

RAPPORTEUR DE LA COMMISSION DES MARCHÉS

AUX ÉLECTEURS RÉPUBLICAINS

du département de Saône-et-Loire

Je n'ai pas voulu dans mon livre sur la campagne de 1870-71 faire connaître tous les documents que je possède, surtout ceux qui sont flatteurs pour mon amour propre ; C'est vous, M. de Ségur, qui me forcez à transcrire ici la dépêche suivante pour mettre à néant vos insinuations; elle me fut adressée le 25 janvier, lorsque je réclamais encore et avec une énergie croissante pour qu'on nous débarassât du général Pellissier, disant que sans cela, et que ma démission fut acceptée ou non, je partirais.

25 janvier, 9 h. 40 m. Guerre à général Bordone. Dijon.

Vous n'avez pas le droit de donner votre démission au moment où le pays a le plus besoin de vous, et je me garderais bien de l'accepter. Si vous aviez en nous et en notre justice la confiance que nous méritons vous auriez compris que la promotion du général Pellissier n'a rien de blessant pour vous : VOUS N'ÊTES POINT DESTINÉ A OPÉRER AVEC LE GÉNÉRAL PELLISSIER, et je vous réserve au contraire un accroissement militaire qui vous remplirait d'orgueil, si vous le connaissiez. Mais la première condition pour que je puisse réaliser cette combinaison qui doit considérablement vous grandir, c'est que vous serviez le pays avec dévoue-

Dijon, 25 janvier 71. Au ministre de la guerre. Bordeaux.

Il est nécessaire de déterminer ma position au point de vue du général Pellissier.

Nous avons l'ennemi en vue et il a fait partir pour Lyon trois légions de la Haute-Savoie qui demandaient à rester avec nous.

Nos troupes sont insuffisantes pour la vaste enceinte que nous avons à défendre.

Signé : Garibaldi.

Dijon, 26 janvier 1871.
Poste de Corcelles-les-Monts et la butte aux Cailles.

Nº 653.   Lieutenant-Colonel Pelletier, à général Garibaldi.

Mon général,

Je reçois à l'instant un ordre du général Pellissier, ordonnant aux mobilisés de n'obtempérer à aucun ordre émanant de l'état-major du général Garibaldi, qu'autant que ces ordres seront écrits et visés par lui.

Malgré toute la déférence que j'ai pour mes chefs, je crois pourtant que c'est de vos ordres directs que je dois m'inspirer, puisque c'est par vos ordres que je garde les positions que j'occupe.

Je vous prie, mon général de régulariser ma position en m'envoyant un ordre spécial pour me couvrir.

Recevez, mon général, l'assurance de tout mon dévouement.

Signé: A. Pelletier.

P. S. — Permettez-moi, mon général, de vous rappeler que mes hommes ont un besoin urgent de souliers, pantalons, capotes et d'armes nouvelles.

Il faut dire ici que ces dernières manœuvres du général Pellissier étaient la suite d'une série d'embarras qu'il nous avait causés depuis que nous étions à Dijon. J'ai été forcé dans le livre que j'ai écrit sur l'armée des vosges, de dévoiler certains faits que je ne veux pas répéter ici, mais qui m'auraient fait considérer comme une trahison contre mon pays, de laisser cet officier général à Dijon, si nous parvenions à pouvoir retirer nos canons de campagne des ouvrages en terre que nous avions faits autour de la ville, et par conséquent après avoir reçu les canons de douze en bronze, non attelés, qu'on nous avait promis.

Depuis longtemps déjà, je réclamais un officier général pour le remplacer, et je signalais tous les embarras qu'il nous causait. On peut voir par la bizarrerie des documents ci-dessous, de qu'elle façon M. Pellissier *repoussait l'ennemi de Dijon*, lui qui ne quittait jamais son cabinet et dont j'avais relégué les mobilisés, qui n'étaient d'ailleurs pas sous nos ordres, dans les positions en arrière de la ville.

Voici un document qui le prouve :

N° 100.   10 janvier.

          Au général Pellissier,

Notre première brigade, pousse ses détachements depuis Fontaine jusqu'à Etaules ; notre troisième, dont le quartier général est à Talant les pousse jusqu'à Malain et Pont-de-Pany, avec grand-gardes en avant, l'artillerie que nous devons placer à Talant et à Fontaine, en attendant l'arrivée des canons qu'on nous a promis, absorbe donc toutes les ressources des cantonnements de cette zone.

Des troupes des deuxième et quatrième brigades doivent être également échelonnées sur la route de Langres, dont le plateau va être occupé par les troupes que nous faisons marcher pour flanquer l'armée de l'Est en dessous de ce point. Je vous ferai savoir jusqu'où les corps de ces deux brigades appuyés sur Dijon devront s'étendre ; je vous serais donc obligé de fixer d'autres cantonnements à vos mobilisés, à cause de l'insuffisance des ressources locales et de la nécessité des approvisionnements réguliers par l'intendance.

Cela modifie, ainsi que vous me le faites justement remarquer, les limites qu'avec vous, nous avions circonscrites autour de Dijon, pour les troupes sous vos ordres.

Je n'ai pu encore étudier les ressources des cantonnements de Corcelles-les-Monts, et Mont-Afrique, en un mot du plateau que je considère comme la clef des vallées qui mènent à Lyon et à Autun et qui assurent un refuge et une retraite certains à des troupes défaites ; mais si vous pouviez concentrer dans cette position une partie de vos forces, je crois que ce serait bien. J'y ferai exécuter des ouvrages.

Décidez-vous même, au sujet de ces positions. Je vous abandonnerai en outre, de la ville tout ou presque tout pour le restant de vos troupes, et je vous prie de me faire connaître leur nombre et leur dislocation dans les différents faubourgs autour et en arrière de Dijon,

                                      Signé : BORDONE.

Je dois faire remarquer que de tous les mobilisés sous les ordres du général Pellissier, la légion du lieutenant-colonel Pelletier seule, faisait partie de notre armée depuis notre arrivée à Autun où nous l'avions trouvée en train de s'organiser, et qu'il me semblerait très-difficile de dire dans un langage plus convenable que celui de l'ordre ci-dessus mentionné, que les autres n'étaient pas en état de soutenir un choc sérieux, et de ménager leur amour-propre mieux que je ne l'ai fait en cette occasion.

On peut donc à bon droit comprendre notre indignation, à la vue de l'ordre envoyé à M. Pelletier, quand le général et moi, presque toujours aux avant-postes, et faisant exécuter des mouvements à nos troupes par des ordres verbaux transmis, pendant le combat, par nos officiers d'état-major, et dont l'exécution immédiate était la seule garantie de succès, nous nous trouvions exposés à voir compromettre la sécurité d'une ville dont la garde nous était inébranlablement confiée.

Mais ce n'était pas là le seul motif de plainte que nous avions contre M. Pellissier.

A notre arrivée à Dijon, le 7 janvier, nous nous étions hâtés d'aller en reconnaître les abords, et avant même d'entrer en ville, le général et moi nous allâmes visiter les positions de Fontaine et de Talant; nous y trouvâmes des ouvrages ébauchés, tellement mal conçus et si pitoyablement, si dangereusement exécutés, qu'à peine rentrés en ville, nous fîmes appeler le commandant du génie Chenot, qui de concert avec le général Pellissier, ancien officier d'artillerie, avait eu l'idée et la direction de ces ouvrages de défense, je le répète, à peine ébauchés. (*Voir Garibaldi et l'armée des Vosges*, chap. XIII, p. 326 et suiv.)

Je recevais en effet, le lendemain de M. Chenot le document suivant :

Mon général,

J'ai l'honneur de vous adresser ci-joint un rapport sommaire sur l'organisation des travaux de défense à établir autour de Dijon, conformément à la dépêche ministérielle du 3 courant ; ce rapport est accompagné d'un plan d'ensemble et d'une feuille de croquis, il conclut à la demande immédiate d'un crédit de cent mille francs, pour pourvoir à l'exécution des travaux entrepris ou à entreprendre ; en attendant la décision qui prononcera sur le degré de perfection et de force à donner aux ouvrages dont il s'agit, cette condition essentielle fixée, il sera possible de déterminer avec approximation suffisante, l'évaluation totale des travaux à effectuer pour atteindre le but à poursuivre.

J'ai l'honneur, etc.

Le commandant du génie, pour la Côte-d'Or
Signé : CHENOT.

Je regrette d'avoir été forcé de le dire et d'être obligé de le répéter encore, je fus obligé de m'adresser immédiatement au ministre à Bordeaux, pour lui signaler cet état de choses, et quelques jours après, M. le commandant Chenot recevait cette dépêche :

Guerre à commandant génie Chenot, à Dijon.

Faire suivre à Auxonne,

Général Garibaldi ayant été chargé de la défense du territoire de Dijon, vous n'avez plus à vous en occuper ; réglez les comptes de dépense et envoyez rapport.

Signé : VÉRONIQUE.

Ça ne faisait pas le compte de M. Chenot ni de M. Pellissier qui écrivaient de concert au ministère de manière à provoquer encore, à la date du 20 janvier 4 h. 30 du soir, une dépêche ainsi conçue :

Extrême urgence, guerre à général Bordone.

On prétend que les travaux de défense autour de Dijon sont à peu près arrêtés et on semble croire que c'est au commandant Chenot à les continuer ; s'il en est ainsi, veuillez me le mander pour que j'envoie immédiatement des instructions au commandant Chenot.

Signé : FREYCINET.

Commence-t-on à comprendre que j'avais quelques motifs de me plaindre, entre autres choses plus sérieuses encore, de la présence et des agissements de M. Pellisser à Dijon, et qu'il m'importait peu de provoquer la colère de M. de Freycinet dans sa dépêche du 19 ? — je servais mon pays et la République, et non des hommes.

Qu'on remarque que la dépêche ci-dessus est du 20 janvier, 4 h. 30 du soir. — Le lendemain matin, nous étions attaqués, et nous n'avons pu contenir et repousser l'ennemi que grâce à ces ouvrages terminés et armés par nos soins, construits en nombre plus considérable, et bien plus sérieusement que ceux du projet Chenot, et qui n'ont coûté, cependant, que 45,000 fr., alors que (ainsi qu'on l'a vu par le document cité plus haut), M. Chenot demandait cent mille francs pour exécuter les siens.

La manière d'agir de M. le général Pellissier vis-à-vis de Garibaldi était telle que ses officiers et jusqu'à ses soldats affectaient des façons que nous pouvions tolérer ; nous avions reconnu d'ailleurs qu'en outre de leur armement défectueux, les mobilisés sous ses ordres ne pouvaient présenter que de faibles éléments de résistance ; aussi sans froisser en rien leur amour-propre leur avions nous assigné des positions spéciales, presque toujours réparées, telles par exemple que le vaste parc de Montmuzard dont tous les murs d'enceinte étaient garnis de meurtrières ; leur contenance dans les journées du 21 et 22 janvier ne fut pas de nature à nous rassurer, mais ce n'est pas par nous cependant, ainsi qu'on le verra tout à l'heure, que le gouvernement apprit les faits qui firent expédier la dépêche suivante :

Bordeaux 22 janvier 1871, 9 h. 4. m. s.
Extrême urgence — Dijon de Bordeaux,
Guerre à général Pellissier Dijon.

On m'assure que dans la journée d'hier le rôle des mobilisés a été nul : Qu'est-ce que cela veut dire ? pense-t-on qu'on les a envoyés à Dijon pour se promener ? je compte, Général, que dans la journée d'aujourd'hui cette tache, si elle existe, sera glorieusement lavée, au surplus traduisez en cour martiale les chefs qui ne voudraient pas marcher ; derrière des positions, tous mobilisés doivent se battre et tous fusils doivent tirer.

Signé : DE FREYCINET.

Une autre raison qui pourrait s'appeler de sentiment, mais qui était encore plus sérieuse pour moi, est celle-ci ;

Le soir de la bataille du 21, les prussiens ayant déplacé leur centre d'action et l'ayant porté vers Messigny, nous envoyèrent en parlementaire au milieu de la nuit, un notaire de cette ville par lequel ils nous fesaient demander de leur abandonner Dijon, sous peine d'un bombardement qui devait commencer à 7 heures du matin.

Le notaire de Messigny était accompagné par M. Dubois maire de Dijon et par M. le général Pellissier que j'introduisis aussitôt auprès du général, ne voulant pas prendre sur moi de leur faire la réponse. (On peut lire cela, pages 331 et suivantes, dans le livre *Garibaldi et l'armée des Vosges*); la réponse de Garibaldi fut, que « si l'ennemi ne venait pas le chercher à Dijon, il irait lui, le chercher dans ses cantonnements. »

Il nous suffit de voir la physionomie du général Pellissier en entendant cette réponse, pour comprendre, qu'à défaut d'autres raisons, nous ne pouvions compter en rien sur sa coopération et que surtout nous ne pouvions pas le laisser seul à Dijon.

Voici encore quelques documents qui achèveront d'éclaicir la situation et qu'il est absolument nécessaire de faire connaître :

26 janvier, guerre à général Pellissier. Communication à général Garibaldi.

Désireux d'éviter des conflits qui pourraient être pénibles entre vous et le général Garibaldi, je vous prie de vous rendre momentanément à Lyon où vous recevrez mes instructions ; vous remettrez immédiatement au général Garibaldi le commandement de tous les mobilisés sous vos ordres. Lieutenant-colonel Vétault sera chargé en votre absence de l'expédition des affaires de la division — réponse urgente.

Signé : DE FREYCINET.

C'est là ce que le général Pellissier appelle « aller chercher des renforts à Lyon, après avoir repoussé l'ennemi de Dijon; » il partit d'ailleurs sans voir Garibaldi, et sans même lui écrire.

Garibaldi avait répondu à la dépêche précédente :

Merci de votre confiance exécuterai vos instructions avec tout mon dévouement.

Quelques instants après on lui disait encore :

Extrême urgence, guerre à Garibaldi, Dijon,

En réponse à votre dépêche de ce soir, 12 h. 35 m. nous remettons en votre main le commandement total des forces réunies à Dijon et dans le département de la Côte-d'Or, le général Pellissier reçoit ordre de se rendre à Lyon, pour éviter tout conflit avec vous.

Vous savez mieux que moi, général, que les grandes situations imposent de grands services ; vous avez habitué le monde à vous les voir remplir. Ce que nous vous demandons aujourd'hui, en retour de l'unité de commandement que nous créons pour vous, c'est à la fois D'ASSURER INÉBRANLABLEMENT la défense de Dijon et de diriger sans délai une expédition sur Dôle et Mouchard, en vous mettant en rapport avec le général Bourbaki à Besançon, de manière à produire une diversion utile à ce général ; la tâche est difficile, mais elle n'est au-dessus ni de votre courage ni de votre génie. Répondez si nous pouvons compter sur cet appui de votre part. Je donne ordre aux mobilisés de Saône-et-Loire de se diriger sur Dijon, je hâte de nouveaux renforts;

Signé : DE FREYCINET.

Et il répondait de nouveau :

Merci de votre confiance, j'exécuterai vos ordres avec tout mon dévouement. Menotti Garibaldi part pour Bourg, pendant qu'envoyons officiers vers Pontarlier, et civils en Suisse, car sommes sans nouvelles de Bourbaki.

On a déjà vu plus haut qu'au premier avis de M. de Freycinet nous fîmes marcher des troupes qui s'emparèrent le lendemain des hauteurs de Mont-Rolland et obligèrent les prussiens à commencer l'évacuation de Dôle qui ne fut interrompue que par la nouvelle de l'armistice, et que Garibaldi, avec la 3ᵉ brigade de Menotti et la 1ʳᵉ de Canzio marcha vers Lons-le-Saunier et Pontarlier avec 10,000 hommes environ. C'est de cela probablement que parlait le général Crouzat dans sa dépêche, mais est-ce là ce que veut dire M. de Ségur quant il écrit « que le général Pellissier dans la séance du 23 avril 1871 a émis toutes les prétentions qu'il lui prête dans son rapport. » J'aurais été heureux de ne pas être forcé de parler de lui et de ne pas être en contradiction avec M. de Freycinet qui, dans son ouvrage, a écrit à propos de la troisième journée de la bataille de Dijon : « La lutte recommença le lendemain et le surlendemain ; le succès final resta à Garibaldi *vaillamment secondé par le général Pellissier.* » Mais aucune considération ne peut me dispenser de dire la vérité. Ce sont les documents qui parlent et non moi.

Il paraît, cependant, que dans ce qu'on vient de lire je n'ai pas produit assez de pièces officielles pour *satisfaire* M. le général Pellissier, car après la lecture de la 1ʳᵉ édition de ma brochure, il a cru devoir protester par huit petites pages d'impression sorties de l'imprimerie Beaugrand et Dax, rue du Potager, 9, à Versailles.

M. Pellissier ne conteste l'authenticité d'aucun des documents que j'ai fournis, mais il cherche à en déduire des conséquences différentes de celles que j'en ai tirées moi-même.

Il dit d'abord que sa réponse est tardive, mais « que c'est ma faute, parce qu'en accusant et en calomniant les individus, je me garde bien de les prévenir » ; en cela M. Pellissier a tort, car je lui ai envoyé ma brochure à Versailles, à lui comme à MM. de Ségur et Blavoyer, et s'il a ignoré, ainsi qu'il le dit, pendant près de deux ans, ce que j'ai écrit sur lui dans l'ouvrage intitulé *Garibaldi et l'armée des Vosges*, c'est qu'il tient peu à connaître, vraies ou fausses les histoires ou les chroniques relatives aux événements auxquels il prétend avoir pris part.

Mais pourquoi ne m'a-t-il pas envoyé lui-même sa réponse, que je n'ai connue que par un article de la *Décentralisation* de Lyon ?

Les journaux du parti Républicain, auquel M. le général Victor Pellissier prétend appartenir, m'ont fait l'insigne honneur de s'occuper de mon premier ouvrage comme de ma dernière brochure, et il me persuaderait difficilement qu'il n'en a pas eu connaissance, à moins cependant qu'il ne se contente de lire la *Décentralisation* à laquelle il envoie sa réponse en communication pour qu'elle y soit reproduite.

En somme, il dit « n'avoir pas par devers lui, à Versailles, ses registres de correspondance, » mais je vais lui venir en aide, puisqu'il n'a pas trouvé un moyen rapide de se faire envoyer *ses archives* de la campagne, car je possède tous ses précieux autographes.

Il prétend que « la seule chose que j'aie négligé de faire connaître au public, c'est le motif qui a occasionné tous ces conflits, et que cependant ce motif perce à chaque ligne de notre correspondance ; que je voulais tout simplement annuler son commandement et m'adjoindre les troupes qui avaient été mises sous ses ordres ».

Il dit enfin que « s'étant plaint à Garibaldi, que j'interceptais toute communication entre lui et ses mobilisés d'Autun, je lui répondis fort cavalièrement »

Voici les seules correspondances qui furent échangées à ce sujet, elles me dispenseront de réfuter cette insinuation et le public jugera, ainsi que le dit M. Victor Pellissier :

Dijon, le 3 janvier 1871.

Mon Général,

Je vous ai adressé, il y a deux ou trois jours, une lettre pour vous prier de vouloir bien me renvoyer à Dijon :

1° Le 1ᵉʳ bataillon de la 3ᵉ légion des mobilisés de Saône-et-Loire.

2° Les trois bataillons de la légion des mobilisés d'Autun. Ces bataillons, dans l'état où ils se trouvent, sans sacs, sans effets de campement, sans tentes, à peine armés, ne peuvent vous être pour le moment d'aucune utilité. La concentration que je demande me permettrait de les équiper complètement, et je vous promets que lorsqu'ils seront convenablement organisés, je mettrai de nouveau à votre disposition la légion dont je vous demande de vouloir bien vous dessaisir.

La lettre dont je vous parle, avait été remise à l'un de vos officiers d'ordonnance, de passage à Dijon, mais n'ayant reçu *aucune réponse*, j'ai tout lieu de supposer que cette lettre ne vous a pas été remise.

Permettez-moi donc, mon général, de vous adresser la présente pour réitérer ma demande, en vous priant de vouloir bien me faire connaître par dépêche télégraphique, la décision que vous aurez prise.

Je suis avec un profond respect, mon général, votre tout dévoué,

PELLISSIER,
général, commandant en chef les gardes nationaux mobilisés de Saône-et-Loire.

Je ferai remarquer que le manque de sacs et d'effets de campement n'avait pas empêché les mobilisés d'Autun, pas plus que nos autres troupes, de se battre vigoureusement le 1ᵉʳ décembre à Autun ; mais néanmoins à cette lettre arrivée le 4 au soir on répondait le 5 au matin :

Mon Général,

Je donne ordre qu'on vous envoie le 1ᵉʳ bataillon de la 3ᵉ légion des gardes nationaux mobilisés de Saône-et-Loire.

La légion d'Autun partira aussi pour se rendre à vos ordres et pour être armée et équipée, en vous priant d'avoir l'obligeance de me la renvoyer après.

Vous recevrez avis du départ desdits corps pour Dijon.

Je suis votre dévoué,
G. GARIBALDI.

Est-ce là ce que M. Victor Pellissier appelle « répondre *cavalièrement* » ? Est-ce là aussi ce qu'il appelle « intercepter ses communications entre lui et ses mobilisés d'Autun ?

On peut lire pages. 267 et suivantes, de mon livre sur *l'Armée des Vosges*, à propos du transfert de notre quartier général d'Autun à Dijon, que toutes les lignes de chemin de fer étaient absorbées par le commencement du transport des troupes de Bourbaki et que Garibaldi avait même télégraphié à Bordeaux le 3 janvier :

« Impossible de faire marcher soldats sans capotes, je retourne à Autun. »

Néanmoins, le 6 on commençait à se mettre en marche d'Autun à Dijon par les voies de terre, et ayant à défendre la ligne d'Autun à Dijon, nos troupes avaient l'ordre d'occuper, à mesure qu'elles se rapprochaient de cette ville, les points stratégiques qui leur avaient été désignés d'avance ; les légions de Saône-et-Loire partaient donc pour Dijon en même temps que le reste de notre armée, et dès le lendemain des avis précités.

C'est pour cela que l'ordre de cantonnement cité plus haut avait été envoyé au général Pellissier ; c'est pour cela aussi qu'il expédiait à *ses mobilisés* en date du 16 janvier l'ordre suivant :

Ordre du 16 janvier.

En cas d'alerte ou d'attaque sur Dijon, par l'armée ennemie, le général commandant la subdivision arrête les dispositions suivantes :

Le général Garibaldi se charge, avec son armée, de garder les positions comprises depuis la route de Dijon à Beaune, au sud-ouest de la place, jusqu'à la route de Langres, au nord de la place, par Chenoves, Plombières, Talant, Fontaine-les-Dijon.

Les gardes nationaux mobilisés n'auront donc plus à se préoccuper qu'à défendre la place, depuis la route de Langres, au nord, en s'étendant vers l'Est, par St-Apollinaire, Quesigny, Mirande, le Parc jusqu'à la route de Beaune.

A cet effet et dans le premier moment les vingt bataillons de mobilisés restant *dans la place de Dijon*, seront répartis de la manière suivante :

1° Saône-et-Loire. — 1re légion ; deux bataillons occuperont Pouilly et les environs, deux compagnies occuperont le plateau traversé par le chemin qui conduit à la ferme d'Epirey.

2° Saône-et-Loire. — 1re et 2e légion ; cinq bataillons occuperont le parc de Montmuzard et enverront des compagnies occuper le plateau au-dessus de la Maladrière et le village de St-Apollinaire.

3° Saône-et-Loire. — 3e légion ; deux bataillons occuperont les lieux dits Fontaine-des-Suisses, le creux d'enfer, couronneront les hauteurs par des compagnies disposées en tirailleurs et se relieront par leur droite avec le parc.

4° Saône-et-Loire. — 3e et 4e légion ; quatre bataillons seront tenus en réserve et massés sur la place du faubourg St-Nicolas.

5° Jura. — Quatre bataillons seront massés en colonne sur le cours du parc.

Les dispositions ci-dessus étant prises pendant la période où les cantonnements extérieurs sont occupés par les troupes du Jura, elles seront inverses lorsque ces mêmes cantonnements seront occupés par les troupes de Saône-et-Loire.

Dijon, 17 janvier 1871.

Le général,
PELLISSIER.

Cet ordre quoique postérieur à celui que j'ai déjà cité, ne le modifie d'aucune façon et n'infirme en rien ce que j'ai dit du stationnement des troupes de M. Pellissier dans l'intérieur et en arrière de Dijon, *en cas d'attaque ou d'alerte*, ainsi qu'il l'écrit lui même, car les 21 et 22 janvier, aucun des points désignés par lui à ses mobilisés de Saône-et-Loire et du Jura n'a été engagé, et le 23, lorsque les Prussiens, essayèrent sur notre droite un mouvement tournant observé et reconnu par nous, ils rencontrèrent à Saint-Apollinaire, ainsi qu'on va le voir tout à l'heure, les mobilisés de l'Isère que nous y avions placés et qui étaient sous nos ordres directs.

Comment se fait-il qu'après un pareil ordre, il y eût à Plombières, le 21, une légion de Saône-et-Loire, sans que nous en fussions informés, sinon par suite des infractions que j'ai signalées, et qui faisaient, pour moi, des agissements de M. Pellissier un embarras et même un danger et non un aide ? On va s'en convaincre dans un instant.

M. Pellissier fait cet aveu : « Le général Garibaldi était *seul chargé de la direction des opérations de la campagne* ! » Comment, dès lors, toutes les troupes de la région n'auraient-elles pas été à sa disposition, et comment « des points d'attaque dont il (M. Pellissier) était responsable » pouvaient-ils « être privés de leurs défenseurs sans même qu'il en fût prévenu, » puisque ses cantonnements lui étaient désignés dans l'intérieur et en arrière de la ville, ainsi que le prouve l'ordre contre lequel il proteste, mais qu'il se garde bien de nier, et qui est antérieur au sien ?

Il est malheureusement certain que sans autres motifs que sa sotte présomption, M. Pellissier disposait de ses troupes et les faisait mouvoir sans nous en prévenir, et que le 21 janvier, par exemple, il avait laissé sans appui, sans secours, sans avis, la quatrième légion de mobilisés de Saône-et-Loire à Plombières, où elle fut surprise et faite prisonnière en partie ; il est certain aussi que vers le soir du 21, son commandant, M. Coulon, (Jean Baptiste), en ramenant les débris dans la direction de Dijon, fut reçu pendant un moment à coups de canon par les batteries de montagne de la marine qui étaient sur la route de Dijon à Plombières, et par une de nos batteries de position de Talant; on avait pris cette masse de combattants pour des Prussiens ; car dans l'ordre de la bataille et dans les mouvements de troupes que nous avions ordonnés, il ne pouvait se trouver, à cette heure et dans cette direction, aucune troupe française, puisque les francs-tireurs de Vaucluse et les compagnies du Rhône, sous les ordres des commandants Baghino et L'hoste, formant l'extrême gauche de la brigade Menotti Garibaldi, gravissaient déjà les hauteurs de Chaumont vers lesquelles se retirait la brigade Kettler battue à Plombières et à Velars.

M. Pellissier essaie vainement de donner le change aux yeux des mobilisés dont il eut le commandement. Nous n'avons jamais dit, en parlant d'eux, qu'ils aient manqué de courage et d'énergie ; mais j'ai dit et je répète qu'ils étaient mal commandés, et que, s'ils n'ont pas rendu plus de services, la faute en est à celui qui les dirigeait et non à eux.

A ce propos, puisqu'il parle du poste de Saint-Apollinaire où il aurait envoyé les mobilisés du Jura, (toujours sans que j'en fusse informé, car le cantonnement que j'avais désigné à ses mobilisés, dans cette direction, ne s'étendait pas au delà du parc de Montmuzard dont j'avais fait créneler les murs,) je lui dirai que, dès le 19 janvier, et par conséquent deux jours avant l'attaque de Dijon, Saint-Apollinaire était occupé par deux bataillons de la 1re légion des mobilisés de l'Isère, qui étaient sous nos ordres directs, et qui y ont toujours fait très bonne contenance sans se laisser jamais entamer, et que le 23, vers 4 heures du soir, au moment où les Prussiens, maîtres du Chateau-de-Pouilly, essayaient de gagner les hauteurs de Montmuzard en tournant la position par notre droite, je me portai moi-même vers ce point menacé, et que je rencontrai une de ses légions, à lui M. Pellissier, qui rentrait précipitamment en ville. Je l'arrêtai dans sa marche et la forçai de se diriger en avant de la ferme de la Boudrenée, dans la direction du château de Pouilly ; mais comme malgré des ordres précis et répétés de mes officiers d'état major elle mettait à entrer en ligne une lenteur coupable, je fis charger sur ses derrières une partie de l'escadron de hussards commandés par M. de Batsalle, et elle coopéra en effet, à partir de cet instant, à la reprise du château de Pouilly, vers lequel se retiraient les Prussiens, repoussés dans leur mouvement tournant sur notre droite par les mobilisés de l'Isère, et par les francs-tireurs alsaciens du commandant Braün.

M. Pellissier aurait-il trouvé bon qu'en cette occurrence et pour me conformer à l'ordre de lui que me communiqua le lieutenant colonel Pelletier, j'eusse envoyé à son bureau dans l'hôtel de la préfecture de Dijon, où il se trouvait d'ailleurs en ce moment, pour lui demander *d'écrire et de viser* l'ordre de marcher vers l'ennemi, pour la légion sous son commandement qui descendait la montée de Montmuzard et rentrait en ville ?

M. Pellissier aurait-il, pendant que les postes de Saint-Apollinaire et de Montmuzard étaient menacés, donné l'ordre à ses mobilisés de rentrer à Dijon ? Je n'ai pas la cruauté de le supposer. Mais estime-t-il que j'aurais dû les laisser paisiblement rentrer en ville, et est-ce ce fait qui a provoqué le lendemain, 24 janvier, cette lettre étrange écrite par lui :

Dijon, 24 janvier 1871. 9 h. m.

Général,

J'apprends par les rapports de plusieurs de mes officiers supérieurs que des ordres émanant de l'état-major du général Garibaldi, la plupart du temps ordres *non écrits*, leur ont été donnés aujourd'hui par des officiers de votre état-major pour faire mouvement, et cela sans que j'en ai (*sic*) été prévenu.

Je ne demande pas mieux, que de mettre mes troupes à la disposition du général, pour l'aider dans la défense du pays, mais comme en définitif (*sic*) je dois savoir à chaque instant où se trouvent les troupes sous mon commandement, j'ai l'honneur de vous faire connaître qu'à l'avenir mes chefs de bataillons ont ordre de n'obéir qu'à des ordres écrits, vus et visés par moi.

Agréez, mon général, l'assurance de ma considération la plus distinguée.

PELLISSIER.

Quant au parti qu'il essaie de tirer de la dépêche de M. de Freycinet relative aux mobilisés sous ses ordres, en nous posant, nous, comme des détracteurs, et lui comme leur défenseur, voici l'extrait d'une lettre que je ne veux pas livrer tout entière à la publicité et qui fut adressée à celui qui, probablement, informa le ministère à Bordeaux de la contenance de quelques troupes pendant les affaires de Dijon.

Départem. de la Côte-d'Or.
Arrond. de Dijon.
Com. de Ruffey-les-Echyrey.

le 22 janvier 1871.

Monsieur le Préfet,

Je crois opportun de vous donner les renseignements suivants :
Hier du matin au soir..........
En effet, vers les trois heures de l'après-midi, lorsque les colonnes prussiennes descendaient la colline de Saint Valmy, en vue et à proximité de Ruffey, les mobilisés du Jura, s'agitèrent en tous sens, une partie essaya de se déployer en tirailleurs entre Ruffey et Bellefond, mais se replia à Ruffey à l'approche d'un détachement prussien qui vint jusqu'à Ruffey pendant le combat, mais assez en désordre. Nos mobilisés, un quart d'heure avant cette arrivée s'étaient enfuis pêle-mêle, par groupes informes sur St-Apollinaire où ils doivent se trouver actuellement.
J'ajouterai M. le Préfet que..........

Le Maire de Ruffey,
Signé : GUILLEMIN.

C'est, d'ailleurs, toujours à moi que s'adresse M. Pellissier qui semble ignorer que c'est Garibaldi lui-même qui a écrit et réclamé contre ses agissements, lorsqu'il a été question de la légion du colonel Pelletier et des mobilisés de la Haute-Savoie.

C'est, ainsi qu'il l'écrit, pendant que nous nous battions à Dijon, que le général Franzini refusa de marcher et d'amener ses troupes, et lorsqu'elles arrivèrent le 23 dans la matinée, sans leur général, le gouvernement les avait bel et bien mises sous nos ordres. Comment, d'ailleurs, puisqu'ainsi qu'il l'a déclaré lui-même, *Garibaldi avait seul la direction de toutes les opérations militaires*, renvoya-t-il à Lyon sans l'en prévenir, et pendant qu'on se battait, des troupes qui demandaient *à rester avec nous*, depuis qu'elles étaient débarrassées du général Franzini ?

Un ordre mal donné par le ministère de la guerre à Bordeaux pouvait être modifié dans un instant par un coup de télégraphe, et si ses intentions avaient été telles qu'il essaie de les présenter aujourd'hui, c'est dans ce sens qu'il aurait agi.

Mais M. Pellissier méritait bien réellement toute la mauvaise opinion que nous avions de lui et que nous ne manifestons plus amplement aujourd'hui que par ce qu'il nous y contraint.

Voici les preuves qu'en ce qui concerne le général Franzini et les mobilisés de la Haute-Savoie, Garibaldi chargé de la défense du territoire et de la ville de Dijon, avait dû intervenir, en avisant le général Pellissier.

Dijon de Chambéry, 18 janv. 2 h. 7 m. s.

Général à général commandant Dijon.

La garde mobilisée de la Haute-Savoie est partie pour Dijon dans l'ordre et à l'effectif ci-après : le 16 janvier, 44 officiers, 1068 hommes, 3 chevaux ; le 18 janvier, 44 officiers, 1000 hommes, 2 chevaux. Ces troupes passant sous votre commandement, je vous envoie la remise conformément à la dépêche du ministre, en date du 15 janvier. Le commandant d'armes a été prévenu le 15 au soir.

MAVET.

On sait que le général Franzini, arrivé jusqu'à Beaune le 22 janvier et sachant qu'on se battait à Dijon, refusa d'aller en avant. Sitôt que nous en fûmes avisés, nous télégraphiâmes à Chalon d'où nous recevions les dépêches suivantes, en réponse aux ordres que nous y avions envoyés :

Chalon, 22 janv. 1871, 3 h. 36 m. s.

Sous-Préfet Chalon à Général Garibaldi, Dijon.

Veuillez répondre à ma dépêche de ce matin, relative au détachement de 137 hommes, capitaine Dubier, actuellement à Chalon, mes ordres sont donnés en ce qui concerne le général Franzini et ses hommes. Aucun train ne dépassera Chalon.

COTI.

Chalon, le 22 janv. à 7 h. 50 m. s.

Extrême urgence. Sous-Préfet Chalon à Général Garibaldi et Préfets Dijon et Mâcon.

Général Franzini avec ses hommes, étant parti de Beaune, s'est arrêté à Chagny, d'où il est retourné à Beaune, par le train spécial avec sous-officiers sur la locomotive pour empêcher mécanicien d'aller jusqu'à Dijon. Je tiens ces renseignements de l'inspecteur de la ligne témoin de ces faits, de ces agissements. Je maintiens mesures ordonnées ce matin conformément à vos dépêches.

COTI.

Je le demande à M. Pellissier lui-même et au public qu'il prend pour juge, est-il question de lui dans ces dépêches de service émanées du général commandant à Chambéry et du Sous-Préfet de Chalon ? — S'agissait-il en ce moment de faire marcher les légions de Haute-Savoie vers Dijon, ou de les faire rétrograder sur Lyon ? Qui commandait, qui donnait des ordres ? Et dans le cas où il y aurait eu quelque malentendu antérieur (on voit que je suis parlementaire vis-à-vis de qui le mérite si peu), devait-il renvoyer à Lyon, où on n'en avait que faire, des troupes dont nous avions si grand besoin ?

M. Pellissier a provoqué des explications que j'aurais

voulu taire, il les aura, et le public jugera, comme il le dit très bien lui-même.

En ce qui concerne le parlementaire prussien, il arrange une petite anecdote qui a bien dû faire rire M. Dubois, ancien maire de Dijon et député comme lui à l'Assemblée nationale.

Je suis trop poli pour dire de vilaines choses à M. Pellissier, mais je lui certifie qu'il manque de mémoire ; il n'y a rien là que de très naturel d'ailleurs ; il était si ému dans la nuit du 21 au 22 janvier, que les faits qui se sont passés textuellement comme je les ai racontés ont pu laisser beaucoup de vague dans ses souvenirs.

M. Dubois, à qui je rappelais le lendemain ces circonstances, en le rassurant pour la ville qu'il administrait, me répondait d'ailleurs en ces termes :

Mairie de Dijon (Côte-d'Or).

Monsieur le Général,

Merci pour votre communication, dont je pressentais le sens, car je tiens à vous dire que je ne partage en rien cette panique, qui s'empare si facilement de certaines personnes et contre laquelle je lutte constamment.

Je vous renouvelle l'expression de tous mes sentiments.

Le Maire,
F. A. Dubois.

N'est-il pas étrange de voir M. Pellissier affronter ainsi la démonstration par des preuves matérielles écrites et signées par lui, et le témoignage de personnes ayant un caractère officiel, au sujet de ses procédés ou des nôtres, quand on peut lui mettre sous les yeux des lettres pareilles à celles-ci :

Mairie de Dijon (Côte-d'Or).
Dijon, 18 janv. 1871.

A Monsieur le général Bordone.

J'ai l'honneur de rappeler à Monsieur le général que M. le Préfet et M. le général Pellissier ont voulu faire arrêter dernièrement le commissaire de police qui, sur mon ordre, avait délivré des armes à vingt-cinq francs-tireurs, demandant à marcher à l'ennemi.

Ces messieurs ont prétendu *qu'eux seuls* avaient le droit de disposer des armes appartenant à l'Etat, j'ai dû subir à cet égard des reproches personnels du général ; je vous serai donc infiniment obligé, si vous vouliez bien couvrir ma responsabilité, en provoquant de M. Pellissier la réponse que je lui ai demandée.

En ce qui me concerne, je tiens à votre disposition les armes qui peuvent se trouver à la mairie, en dehors de celles de la garde nationale, et je donne des ordres pour qu'on les réunisse, vous pourrez les faire prendre demain dans l'après-midi, au bureau de police, je me propose même de renouveler mon invitation à la population, de rétablir à la mairie toutes les armes qu'elle peut avoir.

Signé : Dubois.

Il ne faut pas oublier que ce même M. Pellissier, avouant que Garibaldi était chargé de la défense du territoire et de la ville, lui contestait cependant le droit d'employer et de requérir les armes disponibles dont nous avions besoin ; il faut dire aussi que nous possédions le document suivant émané de celui qui avait (il le paraît du moins) le droit de disposer également des armes qui étaient dans la ville dont la défense nous était confiée.

Dijon de Lyon, 19 janv. à 10 h. 36 m.

Général Crouzat à général chef d'état-major Bordone, Dijon.

Je vous *autorise* à prendre les fusils prussiens qui sont à Dijon et dont vous avez besoin, veuillez faire renvoyer à Lyon ceux qui ne vous serviraient pas et qui auraient besoin de réparation. Je préviens le général Pellissier.

Crouzat.

Il serait inutile et fastidieux pour le lecteur de suivre M. Pellissier dans ses explications, mais je répète et j'ai prouvé que lorsqu'il a quitté Dijon, ce n'est pas pour aller chercher des renforts et venir en aide à l'armée des Vosges, mais suivant l'expression de M. de Freycinet, *pour éviter un conflit*, et il faut dire encore que c'est moi-même qui lui ai expédié à Louhans, pour l'aider et le soutenir, une légion de mobilisés de Saône-et-Loire passée sous nos ordres, depuis son départ de Dijon, et commandée par le colonel Landremont.

Il dit dans sa brochure que, le 28 janvier, il était à Lons-le-Saunier, où il *nous servait d'avant-garde*; comment se fait-il alors que la dépêche suivante ne porte que la date du 27 ?

Lyon, 27 janv. 1871, à 10 h. 50 m. m.
Général Pellissier à colonel Formel, commandant mobilisés de Saône-et-Loire, Dijon.

Je prends le commandement d'un corps d'armée qui *se forme* à Bourg. Envoyez sans délai à Bourg tout ce qui constitue mon état-major, même ceux que j'y avais adjoints sans titre officiel ; faites suivre tous les chevaux, bagages, selleries et autres objets à nous appartenant. J'obtiens du général commandant la division la nomination provisoire du commandant Derruy, au grade de lieutenant-colonel.

PELLISSIER.

Ainsi, M. Pellissier, qui se trouvait à Lyon le 27, qui n'avait pas encore formé le 28 *son corps d'armée ni son état-major*, recevait, ainsi qu'il le dit lui-même, le 28 au soir, l'annonce de l'armistice.

A partir de cet instant, quoiqu'il essaie de faire croire le contraire, il n'a pas brûlé une amorce et n'a jamais eu à se défendre, ni à défendre qui ou quoi que ce soit.

Lorsqu'il écrit que ce n'est qu'après le cinq février, en évacuant Lons-le-Saunier, « qu'il rencontra à Bourg le colonel Canzio et des troupes appartenant à l'armée des Vosges, » et que par conséquent, « pendant toute ces opérations, son corps nous a servi d'avant-garde, » il omet à dessein de dire (par un procédé que je ne veux pas qualifier) que, le 29 au soir, pendant qu'il en était encore à concentrer ce qu'il appelle son corps d'armée, il fit demander à Garibaldi avec lequel il se rencontra à Lons-le-Saunier, de lui envoyer une légion pour le flanquer sur sa gauche, et qu'au moment de son retour à Mâcon, après avoir appris le passage de l'armée de l'Est en Suisse, Garibaldi m'ayant fait demander cette légion, je la lui expédiai à Louhans avec le colonel Landremont ainsi que je viens de le dire ; il semble ignorer enfin, que le 31 janvier au soir en avant de Dijon, malgré l'armistice qui n'existait pas pour elle, l'armée des Vosges se battait encore à St-Apollinaire et à Varois, et que si elle a abandonné cette position qu'elle avait su rendre inviolable jusque là, c'est parceque les conventions stipulées dans l'armistice la plaçaient en dedans des limites fixées à l'occupation prussienne.

C'est ainsi qu'il nous servait d'avant-garde et coopérait avec nous.

De pareilles assertions peuvent se passer de commentaires.

M. Pellissier essaie de donner pour preuve de sa coopération avec nous un passage de la dépêche du 28 janvier, dans laquelle M. de Freycinet nous dit « qu'il ferait appuyer notre mouvement par une *diversion que tenterait* un corps de quinze mille mobilisés dans la direction de Lons-le-Saunier ; » mais à cette date du 28 janvier, il n'avait pas encore son service organisé, ainsi que le prouve sa dépêche au colonel Formel citée plus haut, et, qui lui avait dit, d'ailleurs, que, pendant que je marchais moi-même dans la direction de Dôle et de la forêt de Chaux, Garibaldi marcherait avec une dizaine de mille hommes, directement du sud au nord, dans la direction de Pontarlier ?

Le gouvernement en comptant sur l'efficacité de notre

marche, nous annonçait qu'il nous ferait renforcer par la brigade Hue de la Colombe, mais dès le 29, il en contremandait la marche, car, malgré ce qu'en dit M. Pellissier, *il n'était plus temps.*

Voici les dépêches qui se rapportent à ce fait :

29 janv. 9 h. m.

Guerre à Général Bordone, Dijon. — Très-urgent.

Nous nous en rapportons à votre sagesse et à celle de Garibaldi, pour déterminer ce qu'il convient de laisser à Dijon, ou d'en emporter. Nous reconnaissons qu'en votre absence, la défense de Dijon doit-être nécessairement très-précaire ; nous désirerions cependant que des mesures pussent être prises, pour que Dijon restât, sinon à l'abri d'une attaque très-sérieuse, au moins d'un coup de main. Voilà notre désir, et quant au moyen de le réaliser, nous nous en rapportons, je le répète, entièrement à vous et vous apprécierez d'après les connaissances des lieux et le nombre des mobilisés laissés à Dijon, s'il est avantageux d'y laisser ou non quelques canons, faites à cet égard selon votre appréciation ; je donne des ordres immédiats à la direction d'artillerie, pour qu'on vous envoie, s'il est possible, de nouvelles cartouches remington. J'envoie à Beaune une nouvelle brigade, avec deux batteries, pour s'avancer de là, dans la direction de Dôle et appuyer ainsi votre mouvement. Ces troupes arriveront à Beaune demain, elles obéiront au besoin à la direction stratégique de Garibaldi, mais je vous prie de les laisser tout-à-fait en dehors de votre armée, elles font partie d'un autre corps d'opération, où elles devront rejoindre aussitôt que votre mouvement sera terminé.

C. DE FREYCINET.

29 janv. 2 h. 45 m. s.

Guerre à Général commandant Dijon. — Très-urgent.

Par suite de nouvelles dispositions, le départ de la brigade Hue de la Colombe, composée du 80 et 81 de marche et de deux batteries d'artillerie, n'aura pas lieu ; ces troupes sont maintenues dans leurs emplacements actuels.

HACA.

M. Pellissier veut absolument m'éviter la peine de prouver que j'avais mille fois raison de ne faire aucun fonds sur ses capacités et ses intentions, car il en arrive à dire que c'est seulement le 5 février qu'il a eu la certitude que l'armée de Bourbaki était passée en Suisse, et que *« pendant toutes ces opérations son corps nous a servi d'avant-garde. »*

Comment se fait-il alors qu'étant moi-même à Dijon pendant que Garibaldi était à Bourg et à Montrevel, en marche vers Pontarlier, j'aie pu adresser dès le 30 janvier au soir, la dépêche suivante au gouvernement à Bordeaux (*Garibaldi et l'armée des Vosges*, page 365.)

Bordone à délégué Guerre à Bordeaux.

Efforts stériles ; voici dépêche que je reçois pendant que nos troupes, Garibaldi en tête, marchent dans direction de Pontarlier : l'armée de l'Est n'existe plus. Renseignements officiels : quatre-vingt mille hommes sont entrés hier en Suisse, général Garibaldi retourne provisoirement à Mâcon. Faites-nous envoyer le plus tôt possible ce qu'aurez d'armes se chargeant par la culasse ; les mobilisés réclament et veulent profiter de cette raison pour ne pas reprendre les hostilités.

BORDONE.

Une pareille outrecuidance a bien pu tromper M. de Ségur, au sujet de ce qu'il a dit du général Pellissier dans son rapport sur les marchés, je reconnais que de plus malins que lui auraient pu être trompés, et ne pas s'apercevoir que le 22 avril 1871, à la tribune, au lieu de *défendre* Garibaldi qui n'a que faire d'un pareil avocat, il ne faisait ni plus ni moins que s'approprier une partie des succès de celui dont il n'a pas cessé un seul instant de contrarier les projets et de compromettre les opérations militaires. Il n'eût pas été fâché que cet étranger déteignît sur lui.

M. Pellissier, qui a « blanchi sous le harnais, » appelle *improvisés* « des officiers d'Etat major qui se sont permis de railler et de critiquer les travaux de fortification faits par un chef de bataillon du génie et par un officier d'artillerie de l'armée régulière ; » comment se désignera-t-il lui, qui, après avoir mis trente trois ans pour devenir chef d'escadron, a mis moins de trois mois pour passer de ce grade à celui de général de division ?

Ah ! il veut en parler de ces travaux de fortification, non pas faits, mais seulement commencés à Talant et à Fontaine, lorsque le général et moi nous arrivâmes à Dijon ? Eh bien, il est facile encore aujourd'hui d'aller voir sur le plateau qui est en avant de l'église de Talant, et regardant, non le côté par où pouvait venir l'ennemi, mais en arrière vers le Sud, une plate-forme de batterie ébauchée et des parapets de fossés-abris, faits en pierre séche sur trente-cinq à quarante centimètres d'épaisseur. Ce sont là les travaux entrepris avant le 7 janvier par MM. Chenot et Pellissier, sous la surveillance d'un bas employé des ponts-et-chaussées.

Je laisse à penser l'effet qu'aurait produit un obus arrivant là dedans.

Garibaldi n'est plus là pour l'attester, mais on pourrait consulter, au besoin, le capitaine du génie Arvenjas, de l'armée régulière, qui nous accompagnait à Fontaine et à Talant, le jour de notre arrivée à Dijon, et qui, dès le lendemain matin, se mit à l'œuvre pour les travaux qui, je le répète, existent encore à Talant, ainsi que ceux qui avaient été combinés et ébauchés par MM. Chenot et Pellissier.

La preuve de leur connivence dans les faux rapports qui étaient adressés au gouvernement, même après que l'un et l'autre étaient éliminés de Dijon, se trouve dans cette dépêche :

27 janv. 1 h. 35 m. s.

Commandant génie Auxonne au général Pellissier Dijon.

L'ennemi occupe Pesmes et la forêt de Crochères, à 3 k. d'Auxonne depuis le 20 courant, ma présence dans cette place est donc un devoir. Je fais préparer une expédition du projet de défense de Dijon que j'ai rédigé dernièrement ; j'espère pouvoir vous l'adresser ce soir à titre de renseignements.

Chenot.

Où sont enfin les défections dont il parle, et qui ont été provoquées dans nos troupes? A moins qu'il ne veuille parler de la guerilla d'Orient, commandée par M. Chenet, et de la légion bretonne commandée par M. Domalain ?

M. Pellissier est plus cruel pour lui-même que je n'aurais su, que je n'aurais voulu l'être; il ne méritait ni cet excès d'honneur ni cette indignité.

Il dit, en effet, en terminant sa brochurette :

« Vos démêlés avec le colonel Chenet, commandant la guerilla d'Orient, avec M. de Baillehache, avec le colonel Frapolli, avec le commandant de la légion bretonne, avec le comité de Marseille, avec moi, avec tous ceux, en un mot qui, de près ou de loin, ont été en relation avec vous, pendant la guerre, sont maintenant connus du public. »

Il se met là, en bien mauvaise compagnie, et il se trompe, quand il croit que je n'ai pas eu, pendant la guerre, des rapports avec d'autres personnes que celles dont il parle et près desquelles il se range ; j'ai été en rapport avec des gens de valeur, n'ayant rien de commun avec lui et ne connaissant pas encore ce faux bonhomme, qui, sans s'en apercevoir et après s'être proclamé l'ami de Garibaldi, avoue enfin qu'il est son ennemi.

Il trouve que Garibaldi, avec un chef d'état major tel que moi, « a fait en France un fiasco complet ; » de sa part, une pareille appréciation n'a rien d'injurieux, mais comment pourrait-on bien appeler ce que vient de faire M. Victor Pellissier, en publiant sa brochure de 8 pages, intitulée : *Lettre du général Victor Pellissier, député de Saône-et-Loire à M. le général Bordone, ex chef d'état-major général de l'armée des Vosges ?*

Le public, mais surtout les électeurs républicains de Saône-et-Loire peuvent juger en connaissance de cause, entre nous et M. Victor Pellissier, à qui, pour en finir, je donne le conseil de relire avec attention la fable de La Fontaine intitulée :

La grenouille qui veut se faire aussi grosse que le bœuf.

On sait que : *la chétive pécore s'enfla si bien qu'elle creva.*

BORDONE.

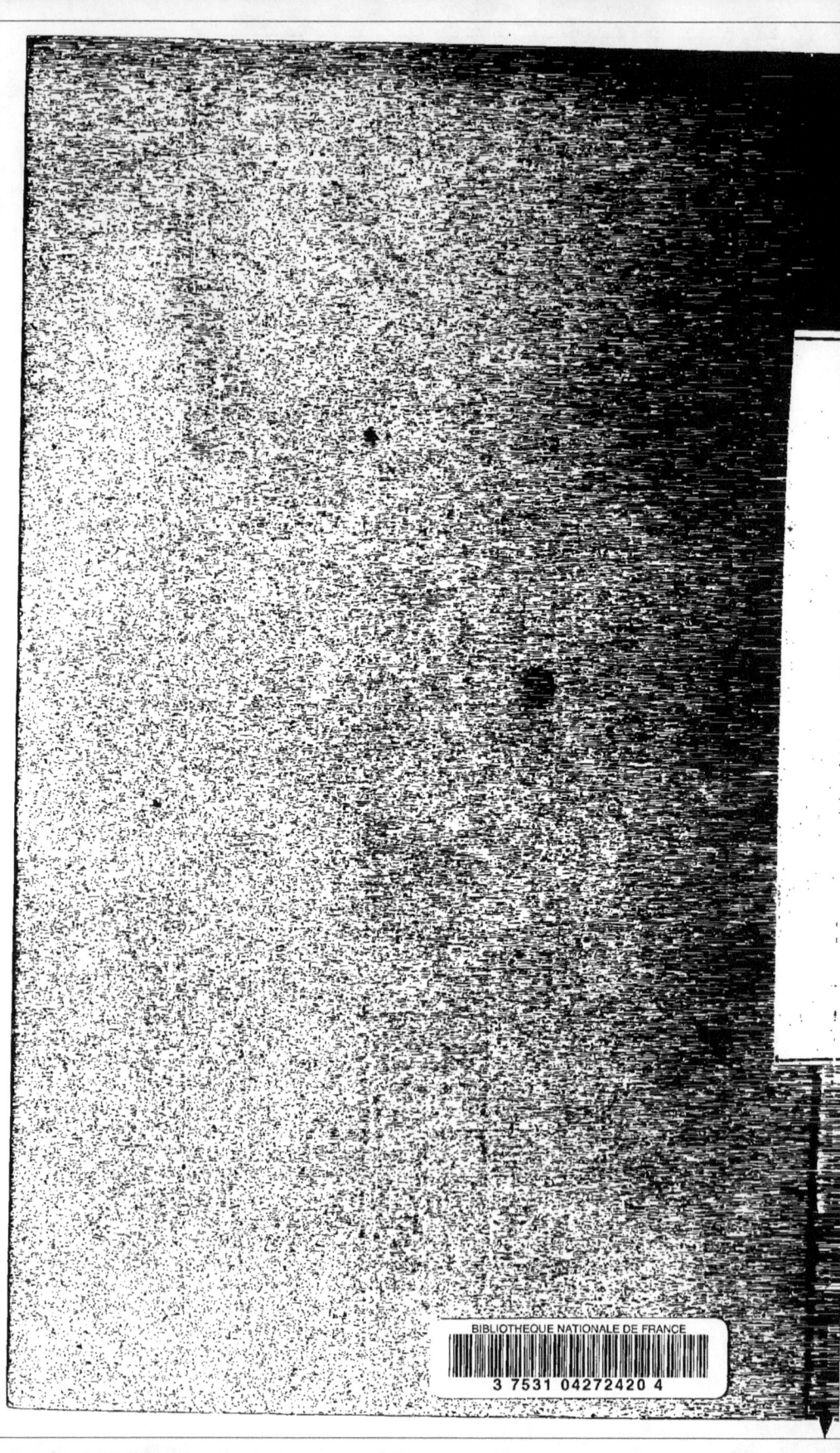

www.ingramcontent.com/pod-product-compliance
Lightning Source LLC
Chambersburg PA
CBHW061015050426
42453CB00009B/1446